Anonymous

Grundriss zu einem Erziehungsversuche

Anonymous

Grundriss zu einem Erziehungsversuche

ISBN/EAN: 9783743440289

Hergestellt in Europa, USA, Kanada, Australien, Japan

Cover: Foto ©Suzi / pixelio.de

Weitere Bücher finden Sie auf **www.hansebooks.com**

Grundriß
zu einem
Erziehungsversuche.

ὥσπερ γὰρ τελεωθὲν βέλτισον τῶν ζώων ἄνθρωπός ἐσιν
ὅτω καὶ χωρισθὲν νόμȣ, καὶ δίκης χείρισον πάντων.

Aristot.

Wien,
Gedruckt mit Sonnleithnerischen Schriften.
1781.

Oesterreich geweiht.

Vaterland!

Wild, grausam, gefühllos warst du nie, ungebildet lange. Theresie gab dir die erste Bildung — Joseph wird dir die vollkommene Erziehung geben. — Welche Macht der Erde gleicht dir, wenn dein Geist deinem Muthe, deinen Kräften entspricht!

Inn=

Einleitung.
   Möglichkeit einer Erziehungswissenschaft.
   Pflichten des Christen, und Bürgers.

Abhandlung. Mittel zur Vervollkomnung der Erziehung.

Erster Theil. Erziehungsart.
   Allgemeine Rücksichten bei der Erziehungsart
   Auf das schicklichste Alter zur Erziehung.
   Auf den Körper.
   Auf die Seele.

Inhalt.

Auf die Verschiedenheit der Stände, und Geschlechter.

Auf die Stuffenjahre des Kindes.

Auf die Wirksamkeit der Belohnungen und Strafen.

Auf die Einrichtung der Lehrbücher.

Verschiedene Gattungen der Erziehungsart.

Erste Spalte. Erziehungsart zu Hause.

Vorerinnerungen.

Erziehungsart im ersten Stuffenraume.

Erziehungsart im zweiten Stuffenraume.

Erziehungsart im dritten Stuffenraume.

Hauptsächlich für Knaben.

Bildung der niedern Seelenkräfte.

Bildung der Vernunft.

Bil-

Inhalt.

Bildung des Willens.

Bildung des Körpers.

Für Mädchen. Züge zur weiblichen Erziehung.

Zweite Spalte. Erziehungsart der Waisen.

Vorerinnerungen.

Erziehungsart im ersten Stuffenraume.

Erziehungsart im zweiten Stuffenraume.

Für die edeln Kinder, und Kostgänger des Staates.

Für die gemeinen Kinder des Staates.

Erziehungsart im dritten Stuffenraume.

Für die Knaben.

Für die Kostgänger des Staates.

Für die edeln Söhne des Staates.

Inhalt.

Für die gemeinen Söhne des Staates.

Für die Mädchen.

Eine kleine Schutzrede zum Besten der Mädchen.

Für die Kostgängerinnen, und edeln Töchter des Staates.

Für die gemeinen Töchter des Staates.

Dritte Spalte. Erziehungsart in öffentlichen Schulen.

Vorerinnerungen.

Erziehungsart in gemeinen Schulen.

Lehrgegenstände.
Lehrbücher.
Lehrmethode.
Schulzucht.

Er-

Inhalt.

Erziehungsart in Kunstschulen.

In den Pflanzschulen der Künste.

In der Akademie der schönen Künste.

Erziehungsart in gelehrten Schulen.

In philologischen Kollegien.

Lehrgegenstände.

Lehrmethode.

In Universitäten.

Zweiter Theil. Bildung der Lehrer.

Vorerinnerung.

Bildung der Lehrer für gemeine Schulen.

Bildung der Lehrer für Kunstschulen.

Bildung der Lehrer für gelehrte Erziehung.

Dritter Theil. Oeffentliche Erziehungsaufsicht.

Inhalt.

Vorerinnerung.

Von dem Erziehungshofrathe.
Von der Erziehungskommission.
Von dem Erziehungsdirektor.
Von dem Lehrer der Erziehungskunde.
Von den Schulaufsehern.

Einleitung.

Möglichkeit einer Erziehungswissenschaft.

Die Bildung des Menschen zu seiner Glückseligkeit ist der Inbegriff der Erziehung. Der Erziehungszweck ist also die Glückseligkeit des Menschen.

Der Mensch ist hienieden, und jenseits des Grabes einer Glückseligkeit fähig. Die zeitliche, und ewige Glückseligkeit gewähret ihm die Beobachtung der bürgerlichen, und Religionsgesetze. Was kann nun der Grundsatz der Erziehung seyn, als die möglichste Vervollkommnung des Menschen zur Ausübung seiner Pflichten?

Die Lehrsätze der Erziehung können also nach einem Zwecke geordnet, zu einem festgesetzten Grundsatze zurückgeführet werden, und es ist eine Erziehungswissenschaft möglich.

Pflichten des Christen, und Bürgers.

Der Mensch wurde mit einem unläugbaren Triebe zur Geselligkeit geschaffen. Sein Heil hat ihn zum Christen, und Bürger bestimmt: er hat also christliche, und bürgerliche Pflichten zu erfüllen. Die christlichen sind göttlichen, die bürgerlichen menschlichen Ursprunges; diese können jene nicht aufheben, sie dürfen aber dieselben näher bestimmen, oder erweitern, gleichwie das christliche Gesetz das natürliche bestimmte, und erweiterte.

Die

Die vereinten allgemeinen Pflichten des Christen, und Bürgers heißen: Liebe Gott über alles, und den Staat, oder das sichtbare Haupt desselben, den Monarchen, nach Gott am meisten. Liebe alle Menschen, doch deine Mitbürger mehr als Fremde. Suche dein Bestes, doch das Allgemeine mehr, als dein Eigenes.

Aber Bürger müssen genähret, vertheidiget, geordnet, und vermehret werden: jeder Staat umgreift also drei Hauptstände, und zwei Geschlechter, den Nähr= Wehr= und Verwaltungsstand, Männer, und Weiber. Jeder Stand, jedes Geschlecht hat folglich auch besondere, ihm eigentliche Pflichten auszuüben.

Abhandlung.

Mittel zur Vervollkommnung der Erziehung.

Zur Ausübung der Pflichten des Christen, und Bürgers werden gewisse Kräfte, und Fähigkeiten vorausgesetzet, die nur eine wohlthätige Ausbil=

bildung verleiht. Es ist also eine zweck»
mäßige Erziehungsart nothwendig.

Sehr wenige Menschen bilden sich
selbst zu dem, was sie seyn sollen; der
gröste Theil derselben muß also durch an»
dere gebildet werden. Aeltern haben die
natürliche Pflicht der Erziehung ihrer
Kinder: der Staat hat die bürgerliche
Pflicht der Vorsorge für dieselben. Nur
wenige trifft das Glück von Aeltern die
zweckmäßige Erziehung zu erhalten: al»
so muß der Staat für die Bildung des
grösten Theils derselben sorgen. Der
Monarch ist bei uns die Stimme des
Staates; er allein kann den Erziehungs=
losen nicht die Bildung ertheilen, er
muß sie andern vertrauen; er darf sie
nur Würdigen vertrauen: Würdige wer»
den nicht immer gefunden, nicht in hin=
reichender Menge gefunden, nicht im»
mer erkannt. Es müssen also Erzieher
gebildet, und geprüfet werden.

Erzieher, so gut sie immer gebil»
det werden, bleiben Menschen, bleiben
menschlicher Irrungen fähig: der Mo»
narch kann nicht allgegenwärtig seyn. Es
wird also eine unmittelbare Erziehungs
aufsicht erfodert. Er=

Erster Theil.

Erziehungsart.

Allgemeine Rücksichten bey der Erziehungsart.

Mittel sind gut, welche zum Zwecke führen: jene sind besser, welche geschwinder, leichter, sicherer, — jene sind die besten, welche am nächsten, leichtesten, sichersten zum Zwecke führen: es giebt also gute, bessere, und eine beste Erziehungsart, oder Methode.

Wohlthätige Weise entdeckten gute Methoden; der spätere Forscher prüfet dieselben, und wählet die bessere. Die Erfindung der besten Methode wäre das Werk eines Gottes; wer anderer übersieht alle mögliche Vollkommenheiten? Wer anderer besitzt die Macht dieselben zu verbinden?

Die

Die Methode, die die Bildung des Körpers, und der Seele zum Gegenstande hat, die die Fähigkeiten des Menschen im schicklichsten Alter, nach den Bedürfnissen der verschiedenen Stände, und Geschlechter, nach der natürlichen Fortschreitung der Stuffenjahre, nach zweckmäßig eingerichteten Lehrbüchern bearbeitet — die Methode, die sich der Belohnungen, und Strafen nach der Natur der Wirksamkeit derselben bedienet, führet geschwinder, leichter, sicherer zum Zwecke, als die entgegengesetzten, und ist folglich eine bessere Methode.

Rücksicht auf das schicklichste Alter zur Erziehung.

Der rohe Klotz ist jeder Gestalt fähig; der Meißel des Künstlers wird ihn eben so wohl in einen Sokrates, als in den Priester Anitus zu verwandeln wissen. Wesen, die noch gleichsam im ungeordneten Klumpen liegen, deren Körper noch weich, und biegsam, deren Seele noch keine Neigung beherrschet, nehmen die ersten Eindrücke, und Fertigtigkeiten zur Natur. Wann können also die Grundfähigkeiten, und Neigungen des Menschen glücklicher entfaltet, und geleitet werden, als in der Jugend desselben?

Rückſicht auf den Körper.

Der Körper iſt inner = und äußerlichen Vollkommenheiten fähig. Geſundheit, Stärke, gehören zu den innerlichen, Richtigkeit der Sinne, Gelenkigkeit zu den äußerlichen Vollkommenheiten deſſelben.

Alle Stände, und Geſchlechter erheiſchen Geſundheit, Richtigkeit der Sinne, in verſchiedenem Grade Stärke, und Gelenkigkeit: es ſoll alſo der Körper des Menſchen gebildet werden.

Rückſicht auf die Seele.

Das Vermögen der Erkenntniß, Erinnerung, Aufmerkſamkeit, und des
Ver-

Verlangens sind die Grundkräfte der menschlichen Seele. Diese verwandeln sich nach ihrer Ausbildung in Vernunft, und Willen: jedes einzelne Vermögen aber in eine höhere Kraft; die Erkenntniß in Verstand, die Erinnerung in Gedächtniß, die Aufmerksamkeit in Tief, oder Scharfsinn, das Verlangen in Leidenschaft. Jene sind unter den niedern, diese unter den höhern Seelenkräften bekannt.

Der Christ, alle Stände, und Geschlechter erheischen Aufklärung der Vernunft, Güte des Willens, und Beherrschung der Leidenschaften: es soll also die Seele des Menschen gebildet werden.

Rücksicht auf Verschiedenheit der Stände, und Geschlechter.

Da die Vollkommenheiten des Körpers, und der Seele jedem Stande, und Geschlechte nöthig, oder höchst nützlich sind: so trifft die Grunderziehung desselben größtentheils überein, und die Verschiedenheit liegt nur im Grade der Ausbildung. Männer, besonders der
un=

untern Klaſſen des Nähr- und Wehrſtandes erfordern mehr körperliche Stärke, als Weiber, oder der Verwaltungsſtand: Weiber, die niedern Klaßen des Nähr- und Wehrſtandes bedürfen einer geringern, die obern des Nähr= und Wehr- die niedern des Verwaltungsſtandes einer höhern, die oberſten Klaſſen des Wehr- und Verwaltungsſtandes der höchſt möglichen Aufklärung.

Das ſanftere Geſchlecht hat überhaupt von den beſondern Pflichten nur jene der Gattinn, Mutter, und Hausfrau auszuüben: aber der Stand, die Denkensart des Mannes erweitern den Pflichtkreis; als Gattin ſoll ſie ſeine liebreiche Gefährtinn, Gehilfinn, ſein ſüßeſter Troſt ſeyn; als Mutter nimmt ſie Theil an der Erziehung ihrer Kinder; als Hausfrau ordnet ſie der Familie innerliche Angelegenheiten.

Rückſicht auf die Stuffenjahre des Kindes.

Die Natur erlaubet in Entwicklung der Fähigkeiten, und Neugungen eben ſo

B wenig

wenig, als in andern Bewegungen einen Sprung; die schlafenden Geisteskräfte erwachen, werden wirksam, und erweitern sich.

Das erste Stuffenjahr des Kindes ist das Alter des Säuglings; in diesem ist es fast nur Pflanze: aber eine Pflanze, die in verschiedene Himmelsgegenden versetzet werden — die unter den eisichten Polen, unter der brennenden Zone, unter den gewaltsamsten Abwechslungen des Dunstkreises aufrecht stehender Knabe insbesondere ist eine Pflanze, die dem Staate zum Wehrbaume aufwachsen soll. Wird es also nicht zuträglich seyn schon den Säugling mit Hitze und Kälte bekannt zu machen?

Die zweyte Stuffenzeit begränzet ungefähr das sechste Jahr. Dazwischen sammelt das Kind bey unstäter Aufmerksamkeit verworrene Begriffe, fühlt eine dunkle Erinnerungskraft, und ist gröstentheils bloß Thier: aber ein Thier, das künftig nicht seinem Triebe, sondern der Leitung der Vernunft, und Religion, der Leitung anderer gehorchen — der Knabe be insbesondere ist ein Thier, das dem Staate willig, und unverdrossen seinen lastbaren Rücken bieten soll. Das Kind muß also schon in diesem Alter abgehärtet, zum Gehorchen, Dulden, Entbehren gewöhnet werden.

Der dritte Stuffenraum dehnet sich durch die übrigen jugendlichen Jahre. Das Kind schwingt sich nun in die lichtere Sphäre des Menschen, berichtiget, vermehret seine Begriffe, vergleicht, schließt: aber es ist nicht bestimmet in Höhlen, Klüften, sondern in bürgerlicher Gesellschaft durch die sanften Bande des Christenthums verbrüdert zu leben. Es soll also die Pflichten des Christen, und Bürgers kennen, es soll geschickt, und geneugt gemacht werden dieselben zu erfüllen.

Rücksicht auf die Wirksamkeit der Belohnungen, und Strafen.

Das Triebwerk unsrer Handlungen sind Belohnungen, und Strafen. Die vollkommenste Gesetzgeberin, die Natur, hat allen Handlungen süße, oder bittere Folgen weislich eingeflochten: aber die

Wirk-

Wirksamkeit derselben ist nach ihrem wohlthätigen Plane meistens langsam, und wird nicht selten durch Unwissenheit, und Irrthum mißkennet; deswegen verknüpfen die menschlichen Gesetzgeber mit den wichtigsten äußerlichen Handlungen — nur diese liegen inner den Gränzlinien unsrer Beurtheilung — willkürliche Belohnungen, und Strafen. Da wir die Bindfäden zwischen Handlungen, und ihren natürlichen Folgen weder zerreissen, weder enger zusammenziehen können, noch wollten: so ist hier in Rücksicht der Erziehung wenig zu vernünfteln, als daß der Jugendführer die öfters dunkeln Folgen mit lebhaften Farben beleuchte.

Die willkürlichen Belohnungen, oder Strafen wirken entweder auf den Körper, oder auf die Einbildungskraft. Die bürgerliche Gesetzgebung bedienet sich nicht selten körperlicher Uebel zur Verstimmung, oder Vertilgung des Verbrechers: die Erziehung hat nur die Besserung des Strafbaren zum Zwecke. Die körperlichen Strafen also, da sie fast immer dem Zöglinge, oder wenigsten einem Theile desselben schaden; dem wir doch
nur

nur nutzen wollen — da sie ihn nur zum künftigen Staatsverbrecher abhärten, können nicht der Gegenstand unsrer Untersuchungen seyn. Aber auch die blos körperlichen Belohnungen sollen verachtet werden; damit nicht schon die Jugend bethöret werde, Wollust als das höchste Gut des Menschen zu betrachten.

Selbst die Uebel, womit der Erzieher die Einbildungskraft beängstiget, sind kaum seinen Absichten günstig; denn überhaupt alle willkürlichen Strafen, sie mögen durch den Körper, oder durch die Vorstellungskraft den Willen bestimmen, lassen dem Kinde, das den edeln Beweggrund derselben nicht ergründet, den gefährlichen Wahn zurück, sein Mentor sey der Tyrann seiner Empfindungen — und es verschließt sein Herz.

Wenn aber der Scharfsinn desselben bittere Folgen mit gewissen Handlungen so zu verstricken weiß, daß sie natürlich und nothwendig zusammenzuhangen scheinen: so können nicht nur die eingebildeten Strafen, sondern sogar die minder schädlichen körperlichen mit Vortheil angewandt werden. Doch sind die angenehmen Empfindungen nach der Bestimmung des Menschen, glücklich zu seyn, seine wahren Beweggründe zur Tugend. —Die Belohnungen, die die Einbildungskraft beglücken, sollen mit je freygebigerer Hand ausgetheilet werden, je unerschöpflicher diese Macht des Lehrers ist.

Rücksicht auf die Einrichtung der Lehrbücher.

Beym Unterrichte werden die Pflichten mit ihren Vorkenntnißen in Verbindung gebracht, zur leichtern Mittheilung, besonders bey der öffentlichen Erziehung, und zur stäten Erinnerung in Lehrbüchern verwahret. Diese Lehrbücher sollen sich die Schüler beyschaffen können; sie sollen dem Lehrer zum Leitfaden, dem Lehrlinge zur Heftung der Aufmerksamkeit dienen; sie sollen alle nöthigen, viele nützlichen Kenntniße umfangen; folglich müssen sie wohlfeil, kurz, geordnet, und gedränget seyn.

Ver=

Verschiedene Gattungen der Erziehungsart.

Kinder haben das Recht ihre Erhaltung, und Erziehung von Aeltern, oder vom Staate zu fodern.

Werden Kinder von Aeltern unmittelbar, oder mittelbar genähret, und erzogen; so erhalten sie die Erziehung zu Hause.

Werden Kinder von Aeltern weder genähret, noch erzogen, oder gar zweckwidrig erzogen, so besorget der Staat die Erziehung der Waisen.

Werden Kinder von Aeltern zwar genähret, aber nicht erzogen; so besorget der Staat ihre Erziehung in Schulen.

Erste Spalte.

Erziehungsart zu Hause.

Vorerinnerungen.

Pflanzen, Thiere vermehren sich wie der Mensch. Erzeugen ist noch keine Wohlthat der Aeltern; es ist blos Wohlthat des Schöpfers, der diesen thierischen Trieb der Natur des Menschen eingeätzet hat. Aeltern erhalten erst Anspruch an die Dankbarkeit ihrer Kinder durch die Erziehung.

Die Erziehung zu Hause verdient vor den übrigen Arten den Vorzug, wenn sie von klugen Aeltern, oder einem weisen Freunde, der ein aufrichtiger Freund des Lehrlings ist, geleitet wird. Mehr als jede andere vor früher Verführung gesichert, kann sie die Bildung des Körpers am vollständigsten bearbeiten, wendet sich am leichtesten nach den Fähigkeiten,

keiten, beobachtet am schärfsten die Neugungen des Zöglings. Selbst den Sporn der Aneiferung, den Zauber geselliger Tugenden — eigenthümliche Vortheile der öffentlichen Erziehung — wird der Scharfsinn des Erziehers auf andere Weise zu verschaffen wissen.

Zu Hause geschieht die Erziehung entweder durch Aeltern selbst, wenigstens zum Theile oder durch gedungene Erzieher. Die ersten zwo Stuffenzeiten der Kindheit befinden sich fast allgemein im Schoose der häuslichen Erziehung. Die würdigsten Mütter zählten von jeher die Pflege derselben zu ihren heiligsten Vorrechten — Glückliches Jahrhundert, in dem es in jeder Familie so eine Mutter gäbe! Die Erziehung im dritten Stuffenraume ist gröstentheils nur das günstige Geschick der höhern Klassen der Stände; denn die wenigsten Väter haben Fähigkeit, oder nehmen sich Muße zu ihrer Vaterpflicht: nur wenige haben Vermögen und Willen einen Erziehungsfreund würdig zu belohnen.

Bedarf es einer Unterſuchung, ob man von Aeltern oder faulen Miethlingen einen glücklichern Erfolg erwarten kann? Darf man hoffen, daß Leute — tauſend gegen einen gerechnet — die Gewinnſucht, Hunger, Verzweiflung überredet, zu ſcheinen ihrer ſelbſt vergeſſen zu haben, dem Triebe zum Vergnügen, dem mächtigen Triebe ſelbſt Vater zu werden zu entſagen — daß Leute, die vor ſich nichts, als mühevolle Pflichten, genau geſchieden von den lohnreichen Freuden der Erzeuger, hinter ſich meiſtentheils nur ein abgehärmtes, darbendes Alter herannahen ſehen, die Stelle der Aeltern bey einem Kinde erſetzen ſollen, für das ihnen ihr Herz nicht ſtärker ſpricht, als für jedes andere, vielleicht noch leiſer, wenn dieſes hilfloſer iſt. Wenigſtens die Bildung des Herzens ſoll ein unübertragbares Geſchäft edeldenkender Aeltern ſeyn.

Erziehungsart im erſten Stuffenraume

Die Erziehung des erſten Stuffenraumes hat blos den Körper zum Gegen=

genstande; denn die Seele ist gleichsam eine todte Kraft: aber der Körper selbst ist kaum einer andern Vollkommenheit fähig, als der Gesundheit, welche jedem Stande, jedem Geschlechte gleich wichtig ist.

Gesundheit ist der Zustand jenes Körpers, in dem alle Theile zweckmäßig verbunden sind, und genau ihrer Bestimmung entsprechen. Dies ist der Zustand des werdenden Menschen — doch empfängt ihn der Arzt beym Eintritte in die Welt, und begleitet ihn bis zum Grabe.

Die Gesundheit kann durch inner- und äußerliche Ursachen zerrüttet, und verwüstet werden. Die innerlichen kommen beym Kinde in keine Betrachtung; sie sind der Natur meistens angedichtete Gebrechen — wir setzen eine ordentliche Zeugung voraus; diese darf bey so wenigen Ausnahmen billig vorausgesetzet werden. — Die äußerlichen sind hauptsächlich, schädlicher Genuß, die Unbilden der Luft, plötzliche Abwechslung der
Wär-

Wärme, und Kälte, Mißwachs, Verstimmlung.

Die Brust des Weibes ist bey Menschen, und edlern Thieren die natürliche Nahrungsquelle des Jüngstgebornen. Nur sehr wenigen, oder keiner der Mütter hätte die Natur diese Wohlthat versaget, wenn sie Töchter der Natur geblieben wären. Die gesunde Brust der Säugenden muß dem Kind die gedeihlichste Nahrung kochen.

Vor der Geburt lebte das Kind in einer warmen Sphäre; es kam in eine Welt in der Hitze, und Kälte wechselt. Es muß nun Kälte fühlen lernen. Hitze, und Kälte gränzen in einem gewissen Grade zusammen; der unterste der Wärme gränzt an den untersten der Kälte. Das Gefühl des Kindes steige mittels der Bäder bis zum untersten der Wärme hinab, und bis zum Grade des kalten Wassers hinauf, damit nicht schon das Wasser der Taufe seine Nerven zu heftig erschüttere, und seine Gedärme zerreiße.

Den

Den Wachsthum des Körpers befördern einfache, den Verdauungskräften angemessene Nahrung, frische Bäder, Freyheit der Glieder sich auszudehnen, leichte Bewegung. Wozu den dicken, zähen, die Absonderungskanäle verkleisternden Mehlbrey? Wozu Fessel für Hände und Füsse — die Einkerkerung des ganzen Körpers? Der Gefangene entweicht nicht; seine Füsse versagen ihm die Flucht, seine Kräfte sogar die Wendung des Hauptes um den häufigen Schleim abzuleiten. Allein der sparsame Gebrauch der Wiege kann, besonders die ersten Monate nicht schädlich seyn; übrigens ist das Kriechen auf dem Boden vorzuziehen; weil es jedem einzelnen Gliede mehr Bewegung, und Ausdehnung verschaffet. Unter den Völkern, die man wilde zu nennen beliebet, und unter den übrigen Thieren findet man kaum Spuren des Mißwachses, der bey Europens gesitteten Völkern fast jede Familie brandmarket; denn die Jungen jener werden unter dem Schutze der Natur gezeuget, genähret, und unter dem Schutz derselben wachsen sie auf.

Das

Das Loos der Zerstörung trift endlich alle zusammen gesetzten Wesen: folglich auch den Menschen. Wüthende Elemente arbeiten an seiner Auflösung; unter seinen Füssen drohen Ungeheuer, verborgene Schlünde; über seinem Haupt hängt der Blitz des Himmels. Wer will in diesem ewigen Kampfe siegen? Die Klugheit des Menschen weiß zwar manche dieser Uebel theils abzuwenden, theils zu entkräften; denn die Kunst desselben hat öfters Flüsse gedämet, den Erdboden, die Luft gereiniget, den Blitz abgeleitet: aber sie hat auch seine Gefahren unendlich vermehret. Jeder Werkzeug der Bequemlichkeit, und Sicherheit wurde auch ein Werkzeug der Verstimmlung, oder gar des Todes. Hauptsächlich diese selbst geschaffenen Gefahren muß Vorsicht der Erziehung vom Zöglinge entfernen.

Erziehungsart im zweyten Stuffenraume.

Der Körper ist auch noch der Hauptstoff der Erziehung im zweyten Stuffenraume: aber es ist ein Körper aus dem Ge=

Gesundeit lacht, welcher der inner- und äuserlichen Vollkommenheiten fähig ist.

Leichte Nahrung, ordentlicher Wachsthum, Ebbe, und Fluth der Witterung, und Jahrszeiten, überhaupt gesunde Säfte haben schon den Knochen, und Muskeln des Kindes so viel Festigkeit, den Nerven so viel Stärke gegeben, daß es sich willkürlich zu wenden, mit Hilfe der Hände, und Füsse zu wälzen, und schleppen vermag. Bald versuchet es auf den nämlichen Werkzeugen zu steigen, sich zu heben, und nach vielen unglücklichen Versuchen steht es, etwa einem Stuhle eingeklammert, mit schwankenden Füssen im Triumpfe da. Der glükliche Erfolg heißt es mehr versuchen. Es umschreitet Stuhl, Tisch, Kasten, die Wände des ganzen Gemaches: es läßt sich los, und waget den ersten Heldenschritt — es fällt: aber es fällt weder tief, noch schwer. — Bald gewinnt es wieder Muth; wieget die Richtung des Körpers, ohne zu wissen, nach den Gesetzen des Gleichgewichtes, und erreicht endlich das Ziel seiner kurzen Laufbahne. — Was gleicht seiner Freude? Die

Wan-

Wange glüht, das Herz pocht, die reizende Gefahr überstiegen zu haben, und flößt ihm Kühnheit ein diesen Gefahren künftig zu trotzen So führt die Natur das Kind am freyen Gängelbande, befestiget und stärket seinen Gliederbau, und lehrt es gehen.

Die ganze Oberfläche des Körpers ist mit Nerven durchwebet, die durch Berührung der Körper um uns her erschüttert in der Seele verschiedene Empfindungen erzeugen, nämlich das Sehen, Hören, Schmecken, Riechen, Fühlen, in der engsten Bedeutung. Die Nerven dieser Empfindungen sind die äußerlichen Sinne, als das Aug, Ohr, der Gaumen, die Nase, die ganze Oberfläche des Körpers Die Sinne sind die Werkzeuge, die Seele ist die Werkstätte der Empfindungen und Begriffe. Ungeübte, unrichtige, falsch angewandte Sinne erzeugen auch unrichtige und falsche Begriffe: sie müssen also geübet, und geschärfet werden. Unter den Sinnen berichtigen sich Geruch, Geschmack, und Gefühl von selbst in jedem gesunden Menschen: aber Aug, und Ohr, die vortreflichlichsten derselben, die den Menschen mit den meisten, wichtigsten Begriffen bereichern, die sich so oft wechselweise aufklären, oder vertreten, die zu bürgerlichen Geschäften unentbehrlich sind, müssen die Gegenstände der sorgsamsten Ausbildung seyn. Das Aug soll in Entzauberung der optischen Täuschungen, und in Augenmaße geübet werden; wozu selbst jugendliche Spiele, als Volant- und Ballenspiel, Werfen, Schießen nach einem Ziele, die Hand bieten. Das Ohr, welches im Finstern, und bey andern Gelegenheiten den Dienst des Auges ersetzet, kann gleichfalls Entfernungen messen, und durch der Jugend liebste Spiele das Muchsen, Blindekuh, hauptsächlich aber durch die Tonkunst geschärfet werden.

Körperliche Uebungen sind die Mittel die Gelenkig- und Geschmeidigkeit des Körpers zu erlangen, sie müßen der Erziehung je wichtiger seyn, da sie zugleich den Umlauf der Säfte betreiben, den ebenmäßigen Wachsthum befördern, den Körper abhärten, und in alle Theile Gesundheit, und Kräfte ausgießen. Spiele le, bey denen manchfältige Wendungen, und Krümmungen der Hände, Füsse, und des ganzen Rumpfes gefordert werden, Spaziergänge, auf denen man ungefähr öfters von der Ungestümmigkeit der Elemente leidet, und Wettrennen bey immer verlängerten Laufbahnen begünstigen diese Vollkommenheit des Körpers. Freylich schicken sich diese Uebungen mehr für Knaben, als Mädchen, so lange Todenblässe, ein kleiner, bis zur Verzweiflung gepreßter, nicht zum Gehen, nur zum bewundern gebildeter Fuß, das eigentliche Kennzeichen erhabener Geburt des gnädigen Fräuleins ist.

Die Vollkommenheit des Körpers ist noch nicht die Glückseligkeit des Menschen; denn nur die Seele fühlt sich glücklich, aber sie ist eine Bedingniß zu derselben, ohne welche der Mensch hiernieden keine, oder nur eine Scheinglückseligkeit erlangen kann. Die Bildung des Körpers schien bisher der einzige Gesichtspunkt der Erziehung: aber die Seele des Kindes blieb nicht unbeschäfftiget: Das Kind sah sich immer gezwungen seine Wünsche, und eingebildeten Bedürfnisse zu unterdrücken; weil man nur die natürlichen befriedigte. Es war weit vom Wahne entfernt, es sey alles seinetwegen da; denn man hat seinem Eigensinne kein Opfer gebracht. Es empfing die erste Grundlage zur Tugend; denn man hat seinem Herzen die Liebe zur Ordnung eingeflößet. Es hatte Begriffe gesammelt, und durch richtige Sinne richtige Begriffe gesammelt; es hatte sogar gewagt diese Begriffe zu vergleichen, zu vereinen, zu trennen, aber es hatte auch mehrere Trugschlüsse gewaget; denn seine Geisteskräfte lagen noch gefeßelt.

Erziehungsart im dritten Stuffenraume.
Hauptsächlich für Knaben.
Bildung der niedern Seelenkräfte.

Die Ausbildung der niedern Seelenkräfte sind der Hauptgegenstand dieses Stuffenraumes. Die niedere werden eh wirksam, als die höhern; denn sie sind die Gaben des Thiers: sie müßen also eh bearbeitet werden.

C 2 Das

Das Erkenntnißvermögen erwachte schon im Säuglinge, ward immer wirksamer, bereicherte sich mittels der Sinne mit unzähligen Begriffen, die den Grund zu seinem künftigen Gedankengebäude legen.

Stark auf die Sinne wirkende Gegenstände weckten bald die Aufmerksamkeit im Kinde, und Bedürfniße, und Neugungen machten es auf den Vorwurf seiner an- und unangenehmen Empfindungen aufmerksam. Gleichwie die Richtigkeit der Empfindungen von den äuserlichen Sinnen abhängt, so hängt die Richtigkeit der Begriffe von der Aufmerksamkeit ab. Das Kind soll dieselbe heften lernen. Man frage es über die mindesten Umstände des beobachteten Gegenstandes; man halte es an denselben analytisch zu zergliedern, und die Aufmerksamkeit wird sich gewöhnen bey Gegenständen, Anfangs zwar nur bey angenehmen, zu verweilen.

Fast zugleich mit der Aufmerksamkeit äuserte sich das Erinnerungsvermögen, und vervollkommnete sich zum Gedächt=

dächtniß. Dieses Vermögen soll in den Jahren, in welchen es so leicht Begriffe behält, und so wenig von Leidenschaften geschwächet wird, besonders angestrenget werden.

Man werfe etwa in die ersten sechs Jahre dieses Raumes alle Gegenstände, deren Erlernung weder Tief- noch Scharfsinn, sondern nur Erkenntniß, Aufmerksamkeit, und Gedächtniß fodert. Dahin gehören Sprachen, bey welchen der Uebergang zur nächstverwandten, von der deutschen zur englischen, französischen italienischen, lateinischen, griechischen ꝛc. beobachtet werde; die Geheimniße der Religion, die ohnehin nicht begriffen, nur geglaubet werden müssen; die ersten Rechnungsarten; die Geschichte mit ihren Hilfsmitteln, als Erdbeschreibung, Zeit- Geschlechts- Wappen- Münzkunde, so weit sie Gedächtnißwerk sind; die Natur und Kunstgeschichte, die Ton- und Zeichenkunst, sofern sie nur Aufmerksamkeit heischen.

Der Willen wird in diesem Alter noch nicht durch Vernunft beherrschet, und eben deswegen ist es noch nicht Willen, sondern nur Verlangen. Der Erzieher hatte sich immer bestrebet seinen Zögling duldsam zu bilden, ihn an widrige Zufälle zu gewöhnen, und seine Neugungen zu bändigen. Dieser Grundsatz behält auch itzt sein Gewicht; alles wird so geordnet, daß auf eine widersinnige Handlung eine natürliche üble Empfindung folge.

Unter diesen Uebungen entbinden sich Vernunft, und Willen: aber die Vernunft hat noch nicht feste Grundsätze genug um Wahrheiten sicher abzufolgern: der Willen stützet sich noch nicht auf richtige Vernunft, um nicht meistens von den Reizungen des Flittergutes geblendet zu werden Deswegen lasset uns Vernunft und Willen verklären.

Bildung der Vernunft.

Der Mensch soll denken lernen; dazu ist er sicherer, unwidersprechlicher Grundsätze benöthiget. Der allgemeine Theil der Mathematik enthält solche anzuschauende Wahrheiten. Was sinnen wir

wir also die Aufheiterung der Vernunft mit Mathematik anzufangen? — Nun wirds heller! Nun bringt man leicht in die verdeckten Gänge, die eh Finsterniß verbarg. Die Grundsätze der Wesen- und Geisterlehre von Schulspitzfindigkeiten, und Streitfragen sorgsamst gereiniget, werden durchgedacht, die dreyerley Pflichten des Menschen durch die Vernunft geprüfet; die Wahrheit unsrer Offenbarung wird durch die Geschichte bestätiget, den Vorurtheilen Fehde angekündiget, und den Irrthümern mit mitleidigen Blicken ausgebeuget. Die Geschichte die Führerin des Menschengeschlechtes, wird nicht mehr flüchtig durchgejaget, sondern Schritt vor Schritt durchwandert; überall wird Ursachen und Folgen nachgeforschet; überall der Zustand, und die Gesetze des Vaterlandes verglichen. Die obenberichteten Gegenstände werden erweitert, und mit Gründlichkeit behandelt; der Styl durch freye Uebersetzungen, Auszüge und durch Briefwechsel mit Busenfreunden zur ungezwungenen, körnichten Stärke gebracht.

Bildung des Willens.

Der Willen vervollkommnet sich nach dem Maße der Aufklärung. Das Vermögen zu begehren, und zu verabscheuen würde nie mißbrauchet, wenn die Vernunft geschwind genug das Scheingut und übel entschleyerte: aber Leidenschaft reißet dem Bergstrome gleich gewaltsam fort, und Gewohnheit verschattet das innere Licht. O Jüngling! kenntest du die Gefahren, die dich in ihrem Wirbel drehen, denen du dich mit heiterer Vorsicht kaum entwinden würdest, unterdessen du dich sinnlos hinwirfst! Hier Klippen, dort Sandhügel, unten die Schreckniße des Meeres, oben die Wut des Orkans; wie wirst du Land erreichen? Doch hängt an dieser Fahrt deine künftige Glückseligkeit! Unverletzet wirst du nicht entschwimmen: wohl dir, wenn du dich rettest, noch besser, wenn du deine Erhaltung wohlfeil erkaufest.

Die Tugend, die Liebe zum Guten, hat für jedes unverderbte Herz Zauber genug daßelbe zu gewinnen; dem Verehrer des Schönen scheint sie eine Gottheit;

heit; denn sie ist das moralische Schöne; — durch die Gründe der Religion erleuchtet wird sie zur Pflicht, zur wohlthätigen Pflicht des Menschen; denn sie verewiget seine Glückseligkeit. Soll es wohl dem Jugendleiter schwer werden ihr liebenswürdiges Bild dem noch unbefangenen Busen tief einzuprägen? Würden ihm nicht Abendbetrachtungen über die Handlungen des durchgelebten Tages, wo er die Mine eines bekümmerten Freundes, nicht eines strengen Richters annimt, dazu die schönste Gelegenheit darbieten? — Aber Leidenschaft, Hang zum Bösen!

Leidenschaften, die Ungewitter der moralischen Welt werden ohne Zweifel öfters erscheinen, öfters Verwüstungen anrichten: aber dann folget Stille — Diese heitern Zwischenräume sind Vernunft und Tugend geheiliget. Begierden arbeiten im Finstern, das Licht verscheuet sie. Ziehet vom Scheingute den Schleyer, und es steht in häßlicher Gestalt da! — Die Geheimnißsprache einer falschen Scham würde nur das Uebel nähren, und die dunkeln Begierden beflügeln.

Bö-

Böse Gewohnheiten ſetzen Fertigkeit böſer Handlungen voraus. Von Natur iſt niemand böſe, man wird es erſt. Geſtattete der Erzieher der Bosheit die Verſtählung ihrer Schnellkraft? Haben unangenehme Folgen, die natürlichen Strafen, den Zögling nicht vom Böſen zurückgeſchrecket? — Genug er hat wirklich Hang zum Böſen; alle Beſſerungsverſuche ſind mißlungen — nur noch einen! Man zerſtreue ihn, gebe ſeiner Neugung eine andere Richtung, ſchwäche ſie ſtuffenweiſe, leite ſie in eine verwandte, minder ſchädliche Neugung ab, und endlich — erſticke man auch dieſe.

Bildung des Körpers.

Geſundheit, richtige Sinne, Gelenkigkeit ſind Geſchenke der vorigen Zeiträume: in dieſem werden ſie zur möglichſten Vervollkommnung gebracht. Unter den körperlichen Vollkommenheiten machte Stärke die kleinſten Vorſchritte; denn die haushalteriſche Natur verſagte dem Menſchen dieſe gefährlichen Waffen, eh die Vernunft ihn den ſichern Gebrauch derſelben gelehret hatte. Nun heiſchet ſie

sie die unermüdete Aufmerksamkeit des
Erziehers.

Thätigkeit, Anstrengung der Nerven wurden schon von ältesten Beobachtern als die Triebkraft der körperlichen Stärke angepriesen; neuere Beobachtungen bestätigen diesen Satz unwidersprechlich. Selbst Amerikens blödere Menschengattung war in den Gegenden, wo wildreiche Wälder zur Jagd einluden, wo minder freygebige Erde Bearbeitung fodert, nicht mehr so schwach, und hinfällig.* Tanzen, Fechten, Springen, Eisschleifen, Baumklimmen, Schwimmen, militärische Uebungen; bey wachsenden Alter reiten, jagen, ohne Rücksicht

---

* In the islands, where fourfooted animals where both feu, and Small, and the earth yelded her productions almoſt ſpotaneously, the conſtitution of the natives neither braced by the active exerciſſes of the chaſe, nor invigorated by the labour of cultivation, was extremely feeble, and languid. On the continent, where the forests abound with game of various kinds, and the chief occupation of many tribes was to purſue it, the human frame acquired greater firmneſs. The hiſtori of America. By Robertſon. Vol. II. Book IV.

sicht auf Sonnengluth oder Schneeflo-
cken, wo Hunger und eine reine Quelle
das magerste Mahl würzen, wo Mat-
tigkeit in mancher Sommernacht unter
einem Baume das sanfteste Lager bettet,
Gärtnerey, Handwerksversuche verschaffen der Jugend jene nervichte Stärke,
die den Druck des menschlichen Ungema-
ches aufheben, und zurückprälen.

Der Jüngling wird sich nun zu einer Klasse von Geschäften bestimmen,
und akademische, oder andere nützliche
Reisen — je besser wenn sie zu Fuße ge-
schehen — oder meinetwegen empfindsa-
me, wenn er York ist — und ernste Be-
schäftigungen werden die Triebe dämmen,
die sich allgemach und früher entwickeln,
als sie nach der politischen Verfassung
befriediget werden sollen.

Für Mädchen.
Züge zur weiblichen Erziehung.

Und Fräulein Emilie? Sie hatte
nebst ihrer Mutter beyde Modesprachen,
und etwas Rechnen erlernet, sich von
der Göttlichkeit des Christenthums über-
zeu-

zeuget, und neben den weiblichen Handarbeiten öfters in den Guckkasten der Natur = und Menschengeschichte geschauet; sie hatte ihren Geschmack zur Veredlung des Herzens verfeinert, und der Tonkunst ihren unwiderstehlichen Zauber abgeborget. Itzt reiset auch die wirthschaftliche Emilie, doch nur auf das Feld; sie beobachtet Aernte und Saat, besuchet die Hürde, und kehret in die Küche zurück, unwissend, wie sehr das böse Feuer der feinen Haut schade. Dessen ungeachtet hoffen wir bey etwas Zutrauen auf Männerverstand, sie findet einen liebenwürdigen Gatten.

Zweyte Spalte.

Erziehungsart der Waisen.

Vorerinnerungen.

Zu den Waisen zähle ich alle ältern= und nahrungslose Kinder, alle die in den Händen ihrer Erzeuger die äußerste Gefahr des Verderbnisses laufen. Unter jenen

jenen, welche keine, oder was noch schlimmer ist, Aeltern haben, die ihre Vergifter sind, befinden sich viele wohlhabende. Diese, deren jährliche Einkünfte über tausende abwerfen, können unter der Aufsicht ihre Verwandten einem eigenen Erzieher übergeben werden; die übrigen werden als Kostgänger des Staates betrachtet. Die nahrungslosen aber sind im eigentlichsten Verstande Kinder des Staates; er ist ihnen Erhaltung und Erziehung; sie ihm aus Kinder- und Bürgerpflicht alle möglichen Dienste schuldig. Die Staatswirthschaft räth diese so sparsam als möglich, die Staatsklugheit so vollkommen als möglich, um einst die vollkommensten Dienste zu erhalten, zu erziehen.

In jedem Lande giebt es so viele milde Stiftungen, daß der Staat, wenn sie zusammengezogen, den Schlünden entrissen, rechtschaffen, und weise verwaltet würden, nur zu geringen Beyträgen aufgefodert wird. Von jeher hat es Menfreunde gegeben, die die nackte, hilflose Kindheit, als den wahren Gegenstand ihrer Wohlthätigkeit ansahen. Werden diese Halbgötter der Erde zu wirken aufhören,

hören, wenn ihnen Jupiters mächtiger Beyfall winkt?

Erziehungsart im ersten Stuffenraume.

Den Säugling drückt das traurigste Loos, dem der Mutter Brust entrissen wird. Ohne physischen Gründe zu untersuchen, die in der gleichen angemessenen Mischung der Säfte liegen, wo findet er das Weib, das ihm Bequemlichkeit, Ruhe, Gesundheit, selbst Leben opfert? Suchen wir doch diese Mitleidenswürdigen, die schon beym ersten Schritte in die Welt die eiserne Ruthe schlägt nach Kräften zu entschädigen! Ein öffentliches Zöglingshaus? Welche Schwierigkeiten! Gröstentheils aus dem Gefolge der Ausschweifungen Gebungene, gegen eigenes Elend, gegen eigenes Blut Gefühllose sollen Pflegemütter von vielleicht vier Zöglingen des Staates seyn; da jeder derselben von gepreßter, unreiner Luft vergiftet zwoer zärtlicher Mütter bedarf? — Diese Anstalt wäre öffentliche Verschwendung ohne Frucht. Vertrauen wir diese Unglücklichen lieber
dem

dem Schoose ehrlicher Bäuernweiber, die wohlhabenden meinethalben Bürgersfrauen: der Seelsorger des Ortes soll sie vertheilen, und schützen. Eine geringe Belohnung, die erst zu reichen ist, wenn der Pflegling gesund, und unverstümmelt ausgeliefert wurde, wird von der Säugenden die Muttersorge erkaufen, dem Säugenden unter ländlichen Himmel bey rauherer Lebensart der Landleute eine feste Gesundheit verschaffen, und dem Staate unvergleichlich größere Ausgaben ersparen.

Erziehungsart im zweyten Stuffenraume:
Für die edlen Kinder und Kostgänger des Staates.

In Europens neuern Beherrschungssystemen sind Adel und viele andere Vorrechte erblich. Der Staat, der dieselben für Geld, oder Verdienste Aeltern verliehen hatte, machte sich dadurch anheischig die Abstämmlinge bey diesen Vorzügen zu beschützen: er soll also die verwaißten standeszweckig erziehen. Welcher Sporn, welcher Trost für den Biedermann, der sich dem allgemeinen Besten

sten opfert, der eben, weil er bieder dienet, keine Schätze sammeln kann; wenn er gesichert ist, daß nach seinem Tode seiner Familie ein mächtigerer Vater auflebet! Da aber die Sprößlinge auf Kösten der bürgerlichen Gesellschaft erhalten, und gepfleget werden: so sind sie zu den wichtigsten Diensten derselben verpflichtet. Die Gefahren der öffentlichen Sicherheit geben den edeln Söhnen des Staates Gelegenheit genug, durch große, kühne Thaten diesen Zoll zu entrichten: sie sollen also zu den obern Klassen des Wehrstandes ausgebildet werden. Ein Erziehungshaus in einem stillen Thale nahe an der Hauptstadt soll in jeder Provinz unsre Achilles mit ihren unmündigen Schwestern aufnehmen, und ihre körperliche Erziehung begünstigen. Dahin werden auch die Kostgänger des Staates ohne Unterschied des Geschlechtes gebracht, aber Mädchen sollen nur jene körperlichen Spiele begleiten, zu denen sie eigene Munter- und Geselligkeit anzieht. Man bedarf gesunder Mütter, aber keiner Heldinnen; denn der Kreis der weiblichen Wirksamkeit ist gewöhnlich nur eine Familie.

        D   Für

Für die gemeinen Kinder des Staates.

Der Staat verpflanzet seine jungen Bürger dahin, wo er ihrer am meisten bedarf. — Sollen alle Waisenjünglinge Krieger werden? Das Land, in dem Vaterlands- und Herrschersliebe den Busen der Bürger schwellet, in dem Weichlich-Uippigkeit, erkünstelte Wollust Schandthat sind, bedarf keiner Pflanzschule gemeiner Krieger. Der Ackerbau, die erste Klasse des Nährstandes, der dem Staatskörper das, was Blut dem thierischen Leben ist, erheischet neue Pflanzungen; denn er treibt jährlich Schwärme an alle Klassen, und Stände ab, leidet die meisten Verheerungen von der Mordsucht der Menschen, wilden Thiere, Elemente, von der Unwissenheit, und erhält von außen keinen Zufluß; diese Lücken sollen durch die gemeinen Kinder des Staates ausgefüllet werden. Die Dorfbewohner wird ein geringer Gewinn an das Wohlseyn ihrer Pfleglinge ketten, und diesen wird jeder Rosenplatz eine Schule seyn, in der sie unter dem Vorsitze der Natur

die

die Vollkommenheiten des Körpers er-
ringen.

Erziehungsart im dritten Stuffen-
raume.

Für die Knaben.
Für die Kostgänger des Staates.

Sechs Erziehungsgebäude bey Ofen, Prag, Gratz, Innsbruck, Mayland, Brüssel würden für die ganze Monarchie zureichen. Vor Anfange jedes Schuljahres werden die sechsjährigen Knaben in ihre neue Pflegschule gebracht. Die Reise, die Verwechslung der Luft, die Abänderung der ganzen Scene, wird sie zur neuen Erziehungsart, und zu den noch manchfältigern Abwechslungen des bürgerlichen Lebens glücklich vorbereiten. Diese Häuser können eine halbe Stund von den Städten entfernet seyn; die Zöglinge besuchen dort unter Frost, und Hitze die öffentliche Schulen — wenn deren Anzahl nicht eigene fodert — und kehren bey günstiger Jahrszeit in kühlende Schatten zu körperlichen Uibungen zu-

zurück. Ungefähr bis nach dem zehnten Jahre wandeln die Knaben der mindern Klassen der Stände auf dem Pfade der Nationalschulen: dann gehen sie zu bürgerlichen Gewerben, oder zur Landwirthschaft über. Der andere Theil steiget in die Pflanzschulen der Künste, oder der Gelehrsamkeit, und vervollkommnet sich zu höhern Berufsgeschäften.

Für die edlen Söhne des Staates.

Die edeln Söhne des Staates müssen des Vaterlandes Rächer werden. Ihren Händen wird der Donner vertrauet, womit sie einer Gottheit gleich die öffentlichen Gefahren zerschmettern, die Friedensstörer vertilgen; und der Menschheit Ruhe, und Sicherheit wieder schenken. Klugheit, Muth, Strenge gegen sich selbst sind die Heldentugenden, die den Krieger zieren, dem Anführer unentbehrlich sind. Verachtung der Gefahren, und der Bequemlichkeit sind keine Gaben, womit uns die Natur beschenket; denn jedes Thier sehnet sich nach Vergnügen, und bebet vor seiner Auflösung zurück. Diese kriegerische Tugenden kann nur
Er=

Erziehung, und rauhere Lebensart verleihen — doch weh der Menschheit, wenn dadurch das Gefühl des Mitleidens ersticket wird! Der Sieger muß mit einer Hand würgen, mit der andern retten — mit einer zernichten, mit der andern schöpfen.

Ein, oder höchstens zwey Militärstifter — eben nicht im Thale zu Amatunth, wenn es möglich ist auf einer Insel Gorgona — sollen unsre kleinen Kämpfer jährlich durch sieben Monate beherbergen. Ein hartes Bett, ein Schlaf von sechs Stunden, Wasser zum Tranke, Brod, und eine spartanische Suppe — doch bis zur Sättigung — sollen dieselben zu ihrer Bestimmung organisiren. Hier erhalten sie Unterricht in Sprachen, in den Pflichten ihres Standes, in allen nöthigen Kenntnissen der Kriegswissenschaften, und ihre Einbildungskraft wird durch Thaten der Helden, die tapfer, und menschlich zugleich waren, von den redenden Wänden, und von der malenden Beredsamkeit der Lehrer erhitzet. Die Erholungszeiten füllen kriegerische Spiele aus, Leibesübungen, das einfache, und zusammengesetzte Schach, hauptsächlich das taktische Spiel. Mit Anfange May werden zwey feindselige Lager ausgestecket, und befestiget, Gezelte bezogen, Feldwachen bestellet, und die nächsten Hügel besetzet. Jeder Kriegsschüler erfährt sein Loos, als Offizier, oder Gemeiner; alle Monate steigen die wohlverdienten um eine Stuffe höher. Die Lehrer sind die obersten Befehlshaber.

Nun ist keine Ruhe, ohne Wachsamkeit keine Sicherheit mehr. Mars scheint unsern sonst friedfertigen Gespielen Wuth, und Zerstörungssucht eingehauchet zu haben. Man macht Verhauungen, schlägt Brücken, beunruhiget den Feind, treibt Anfälle ab, bauet Festungswerke von Erde, belagert sie, bedient sich mancher Kriegslist, verachtet die Mißgunst des Wetters, machet Furagierungen, erbeutet Proviant, schneidet die Zufuhr ab, leidet Mangel — übet sich unermüdet unter den Waffen, erwartet den Feind in Schlachtordnung, rückt vor, zieht sich mit Vorsicht zurück, belärmet den Feind öfters zu Mitterternacht, wird wieder aus Träumen aufgeschrecket, und waget es nicht entkleidet sich dem Schlafe zu vertrauen. Hingegen ermuntern die Krieger öfters Bier, und Wein — Wohlthaten des Gottes der Fröhlichkeit — eine fettere Nahrung, Feldmusick, das Gebrüll der Kanonen, Besuche wohlthätiger Gäste, und häuffiger Waffenstillstand.

In diesen Zwischenraumen werden die Gefangenen ausgewechselt, die benachbarten Gegenden auf Charten gebracht, die Vortheile des groben Geschützes berechnet, und angewandt, und der Festungsbau fortgesetzet. Man verläßt bey winkender Gelegenheit das vorige Lager, durchschneidet Defieleen, Bäche, Moräste, und lagert sich in vortheilhaftere Gegenden. Zu Ende Septembers versöhnet die erbitterten Streiter der Frieden, und ladet sie unter sicherem Dache zu brüderlicher Umarmung. Nach dem sechszehnten ihres Alters vertauschen unsre Athleten ihre militärischen Spielwerke mit wirklichen Kriegsdiensten; sie treten in Regimente. Jene, welchen die Natur trotz der fleißigsten

Feilung der Erziehung höhere Aussichten versagte, werden zu Abschreibmaschinen in Kanzeleyen fähig genug seyn.

Für die gemeinen Söhne des Staates.

Den Pflegeältern der gemeinen Söhne des Staates wird der festgesetzte Nahrungslohn bis ins zehnte Jahr entrichtet: sie sind aber verpflichtet ihre Pfleglinge in der nächsten Dorfschule unterweisen zu lassen. Nach jenem Gränzjahre hört die besondere Vorsorge des Staates auf; die Jungen werden der Anleitung der Landwirthe, doch ohne Eigenthumsrecht, überlassen, und der beyderseitige Vortheil wird das Band, das natürliche Zuneugung zwischen Pflegesohn, und Aeltern geknüpfet hat, noch enger in einander schlingen.

Für die Mädchen.

Eine kleine Schutzrede.

Harte Männer! wie lange wollet ihr noch ein ganzes Geschlecht mißhandeln — ein Geschlecht, dem ihr gleiche

che Ansprüche an Glückseligkeit, und Würde des Menschen, wenn es dieselben durch sanftes, wohlthätiges Gefühl nicht vor euch behauptet, offenbar nicht zu verneinen wagt, — ein Geschlecht, das ihr in den Stunden eurer Schwäche, und Wetterlaune wohl gar vergöttert! Unsern Weibern, wenige ausgenommen die Zufall vor Männer Eigensinne gerettet, bleibt nur die Wahl zwischen drückender Knechtschaft in, oder außer der Ehe, und schändlichen Gewinne. Alle sichern Gewerbe, und Nahrungswege sind ihnen verschlossen. Männer! entreißet dem schwächern Arme die Spate, dem gekrümmten Nacken die Last, verschonet das feinere Gewebe ihres Körpers mit Arbeiten, die ihre Fruchtbarkeit versiegen, — die der menschlichere Hebräer, Grieche, und Römer nie seinen Sklavinnen aufdrang! Gebet ihnen Nadel, und Weberspuhl wieder; diese geringe Werkzeuge entehren eure Hand; sitzende Gewerbe tödten den Muth, entnerven die männliche Stärke; nur euch hat Natur, und Offenbarung bestimmet im Schweiße des Angesichtes zu es-

essen: Weiber beugen andere schmerzvolle Pflichten.

Für die Kostgängerinnen, und edeln Töchter des Staates.

Ein Theil des Erziehungsgebäudes der Unmündigen in jeder Provinz kann den Kostgängerinnen, und edeln Töchtern des Staates gewidmet werden, wiewohl auch die Nonnenklöster, so lange ihr Daseyn der Duldungsgeist begünstiget, als eine Freystätte derselben anzusehen sind. Ein großer Saal soll des Winters, ein Garten die übrigen Jahrszeiten den Mädchen über zwölf zur Schule des Umganges, und der Wohlanständigkeit, wo jedem Wohlgesitteten wöchentlich einmal der Eintritt gestattet wird, dienen. Lehrgegenstände sind ungefähr die nämlichen, die bey der häuslichen Erziehung berühret wurden: nur werden die Töchter des Staates mehr zu zierlichen Handarbeiten, zur Stickerey, Spitz=Band=Bortenwirkerey, zur Verfertigung künstlicher Blumen, unächten Perlen, ꝛc. — wenn es die Natursgaben erlauben — zur Wachspoussir-

Mah=

Mahler- Kupferstecherkunſt angehalten. Die Koſtgängerinnen werden ohne Zweifel; denn ſie haben Mitgift, durch die Ehe ſich neue Beſchützer erwerben: die aber die männliche Delikateſſe, oder Grille vergebens ſeufzen läßt, werden nach dem vier und zwanzigſten ihrer eigenen Vorſicht überlaſſen.

Werden aber die armen Töchter des Staates Männer finden? Der Staat muß dafür ſorgen. Jede weibliche Vollkommenheit, die die Natur in Mädchen ſkizzirte, ſoll in denſelben durch die Kunſt ausgezeichnet werden; es ſoll ehrwürdig ſeyn, ein Weib zu beſitzen, für das ſich der Landesfürſt ſelbſt zum Vater erkläret; die Freyer ſollen durch das unſchädliche Vorrecht bey Erledigung einer Stelle vor ihren gleichfähigen Mitwerbern den Vorzug zu erhalten, aufgemuntert werden. Freilich wird der öfters eigenſinnige Hymen nicht für alle wohlthätig ſeyn, aber unſre guten Mädchen lernten nützliche Handarbeiten, und nährende Künſte, die ſie nach ihrem vier und zwanzigſten in ihrer edlen Schutzſtätte, oder in einem ſelbſt gewähltem

Or-

Orte ausüben können. Auch werden diese Frauenzimmer, die gleichsam mit ihren erstem Laute der Tugend, und den Musen gehuldiget hatten, die in der Erziehungskunst eine besondere Anleitung erhielten, die fähigsten seyn bey jungen Damen, oder in Fräuleinstiftern würdige Erziehungsfreundinen vorzustellen.

Für die gemeinen Töchter des Staates.

Die gemeinen Töchter des Staates wachsen, wie ihre Brüder, unter dem Landvolke auf, und werden bis nach dem zehnten Jahre in den Dorfschulen unterrichtet. Einige werden zur Bedienung in adeliche Mädchenstifter aufgenommen, und ein Theil — denn auf dem Lande ist selten Mangel der Weiberhände, wird den sitzenden Handwerken gewidmet: den Jungen wird verboten dieselbe in Zukunft zu lernen, und nach einem Menschenalter werden jene Beschäftigungszweige ein Ausschließungsrecht der Weiber. Auf diese Weise wird der große Hauffen der weiblichen Gattung durch Fleiß der Lüderlichkeit, durch Selbstständigkeit der Sklaverey entrissen;

die

die Ehen werden sich vervielfältigen, und der Bevölkerung reichere, und reinere Quellen zuströmen.

Dritte Spalte.

Erziehungsart in öffentlichen Schulen.

Vorerinnerungen.

Jedermann hält sich berechtiget den Fleiß, die Geschicklichkeit unsrer Lehrer anzubellen. Konnte man bisher hoffen, ich rede hauptsächlich von niedern Schulen, daß geschickte Männer sich einem Amte unterziehen würden, das Dürftigkeit, und Verachtung des Volkes begleiten. Konnte man hoffen, daß selbst im rechtschaffensten Lehrer ohne Aufmunterung, und Aussicht in ein besseres Geschick der Eifer immer glühen würde. Verknüpfet Interesse mit Geschicklichkeit, und die Schulleute werden wetteifern. Blos bestimmte Besoldungen machen den Lehrer träge, blos Schulgeld setzet ihn

zu

zu sehr dem Ungefähr aus. Erlaubet ihm also von Wohlhabenden ein gemäßigtes Schulgeld, und bestimmet ihm über dieß so viel, daß er weder gänzlich vom Eigensinne der Aeltern abhange, weder allen Beweggrund verliere, durch guten Ruf Lehrlinge anzulocken! — Er sammle die Früchte seines Schweißes! Man gebe einem Lehrer der Dorfschule 50, der Stadtschule 100, des Philologäums 300, der Universität 600 fl. und sey mit Titeln, die dem Pöbel ehrwürdig sind, nicht sparsam.

Nach den Grundsätzen unsrer Zeiten fängt sich die öffentliche Erziehung erst nach dem sechsten Jahre an, und beschäftiget sich fast bloß, um nicht spartanische Anstalten zu wagen, die vielleicht nur im Kleinen, entschlossenem Sparta möglich waren, mit der Bildung der Seele. Doch können unsre den Mäuern der Städte angewiesene Spielplätze unter den Augen der Lehrer zur körperlichen Erziehungsschule werden.

Die Mittel zur zeitlichen Glückseligkeit sind bey verschiedenen Ständen verschieden: die Seelenkräfte müssen also so nach Verschiedenheit derselben, bald mehr, bald weniger erweitert werden. Deswegen sind gemeine Kunst = und gelehrte Schulen zu errichten. Die gemeinen Schulen sind jedem verfeinertem Volke nothwendig, die Kunst = und gelehrten Schulen nützlich, und rühmlich.

Erziehungsart in gemeinen Schulen.

In jedem Pfarrote soll eine gemeine Schule seyn; die Menge der Schulreifen Kinder muß die Zahl der Lehrer — hundert auf einen gerechnet — bestimmen.

Lehrgegenstände.

In gemeinen Schulen soll nur das gelehret werden; was den niedern Klassen der Stände höchst nützlich, und den höhern zur Vorbereitung nöthig ist. Ich meine auf dem Dorfe die Glaubens = und Sittenlehre, die Pflichten des Bürgers, Lesen, sich mündlich, und schriftlich auszudrücken, die gewöhnliche Vorfälle zu berechnen, die ersten Grundsätze der Haushaltungskunst, insbesondere der
Land=

Landwirthschaft, die vornehmsten Gesundheitsregeln, die Vorzüge des Landlebens, und des Soldatenstandes. In Städten kommen noch hinzu Wohlstandsregeln, das Schön = und Richtigschreiben, die Erweiterung der Rechenkunst, die Erdbeschreibung hauptsächlich die vaterländische, ein kurzer Umriß der Technologie, und eine Kinderlogick.

Lehrbücher.

Das Lehrbuch für Landschulen, ohne Kathechismus, und Evangelium, welche wegen der Verschiedenheit der Religionen einen besonderen Band ausmachen, soll bestehen, aus einem halben Bogen Schulgesetze in Sylben, aus einem Bogen Sittenlehre mit Inbegriffe der Pflichten des Bürgers, aus zween Bögen Haushaltungskunst, und Landwirthschaft, aus einem halben Bogen Vorzüge des Landlebens, und Soldatenstandes mit einigen Gesundheitsregeln, aus einem halben Bogen Rechenkunst mit Einschluße der Regel von drey Sätzen, aus einem halben Bogen bürgerliche Aufsätze mit einem Anhange von der
Brif=

Briefform, zusammen aus fünf Bögen: den Bogen zu einem Pfennige angeschlagen — denn niemand soll sich auf Rechnung der öffentlichen Aufklärung, und Besserung bereichern — kann das Büchlein sammt dem Bande für viertehalb Kreuzer verkaufet werden. Für Städte wird noch beigefüget ein halber Bogen Wohlstandsregeln, ein halber Bogen Rechenkunst von Brüchen, und der Regel von fünf Sätzen, zween Bögen Sprachlehre, ein Bogen Erdbeschreibung, ein Bogen Technologie, ein Bogen Kinderlogik, welche die Grundschlüsse, Sprüche der Weisheit, lehrreiche Geschichtchen, und Fabeln enthält. Der Preis dieses Buches wird mit dem Bande ungefehr fünf Kreuzer betragen.

Lehrmethode.

Die Verirrungen der Gesetzgeber giengen nach den Geschichtsbüchern noch nie so weit einem einzign das Ausschliessungsrecht über einen Gegenstand zu denken zuzugestehen — warum soll es uns nicht erlaubet seyn der Verbesserung der Erziehung nachzuspüren? — Ermuntert

tert nicht Joseph, der die Rechte der Menschheit so entschlossen schützet, den Erforschungsgeist?

Felbiger, mag der Erfinder, oder nur der Verbreiter seiner Methode seyn, verdient Oesterreichs Dank. — Wenn dieselbe nicht überall genützet hat; so drückt die Schuld Lehrer, oder Vorgesetzte, die vielleicht nicht immer mit Vorsicht gewählet wurden. — Doch lasset uns versuchen auch das edle Metall durch Feuer, und Hammer gänzlich zu reinigen!

Die Hauptgründe, warum die Jugend in Schulen einst einen geringen, oder gar keinen Fortgang gemacht hat, und in einigen weder itzt machet, liegen im Mangel der Aufmerksamkeit von Seite der Schüler, in der Sorglosigkeit der Lehrer dieselben zu erleichtern, und im Unsinne das Gedächtniß mit Wörterklange zu überfüllen, ohne die Vernunft zu belehren. Wir wollen wider diese Ausschweifungen die allgemeinen Hilfsmittel anführen, und sie an einzelne Lehrgegenstände anwenden.

Der

Der Zusammenunterricht, folglich auch das Zusammenlesen, ist das wirksamste Mittel den Flattergeist der Jugend zu heften, und Thätigkeit über eine ganze Klasse zu verbreiten: doch muß man sich auch von der Aufmerksamkeit einzelner Schüler versichern, und den Zusammenunterricht nur gebrauchen, wenn man hoffen darf, daß die Worte zusammenstimmen werden.

Die Buchstabenmethode ist eine Wohlthat für das Gedächtniß, wenn man es mit Wortkenntnissen bereichern will: da wir aber unsern Schülern lieber Sachenkenntnisse, und diese vielmehr dem Verstande, als dem Gedächtnisse einsenken wollen; so möchte die Zuflucht zu derselben selten seyn.

Die Tabellen stellen den Gegenstand unter einem Gesichtspunkte vor, und zeigen die Theile desselben in ihrer Verbindung sinnlich an, aber die vielen Kunstwörter, und abgerissenen Begriffe können nicht verstanden werden, ehe der Gegenstand abgehandelt ist; wir wollen also erst nach Vollendung desselben mit
Hilfe

der Buchstabenmethode den Inhalt vorstellen; denn wir schreiten lieber von der Kenntniß der Theile zur Uibersicht des Ganzen.

Das Erklären darf beym Unterrichte nicht übergangen werden, besonders bey der Rechenkunst, Sprachlehre soll man an Beyspielen unerschöpflich seyn: die Beyspiele, und Gleichnisse aber müssen dem Erkenntnißvermögen des Kindes angemessen werden.

Die Gesprächmethode bedarf wohl keiner Empfehlung; sie hat sich durch einen Sokrates verewiget. Hätten wir Philosophen zu Lehrern, oder — so groß der Abstand ist — hätten wir nur Schulmänner von gesunder Vernunft; so würde dieselbe die segenreichste Lehrerinn der Menschen seyn: da auch diese selten sind, so bestrebt man sich vergebens, sie durch unendliche Regeln, die sie nie begreifen, nie anwenden lernen, die sie nur betäuben, zu Sokraten umzubilden.

Weber

Weder können beygedruckte Fragen den Mangel natürlicher Fähigkeit ersetzen. Wie wird der Lehrer — wenn man pädagogische Handwerker so zu nennen erlaubet — der nicht selbst zu fragen vermag, die Antwort der Schüler, die nicht nach den Worten, nur nach dem Sinne des Buches soll gegeben werden, beurtheilen? Uebrigens ist es genug, wenn die Fragen Deutlich - und die Antworten Vollständigkeit haben, oder wenn sich Lehrer, und Schüler verstehen. Das Gespräch wird je zweckmässiger seyn, je mehr es sich einer freundschaftlichen Unterredung nähert, je weiter es sich von einem künstlichen Schulgalimatias entfernt.

Das Wiederholen ist beym Unterrichte unentbehrlich; der Pfahl dringt nach jedem wiederholten Schlage tiefer. Im ordentlichem Vortrage sind die Theile in solcher Verbindung, daß die Hinter - ohne Erkenntniß der Vordersätze nicht können begriffen werden. Man soll also nicht vorschreiten, bis der größte Theil der Schüler die Aufgabe verdaute; und wenigstens alle Monate soll der

der systematische Inhalt wiederkäuet werden.

Die Lehrgegenstände der Landschulen werden in zwo Klassen gebracht, die ein Schüler bey öfters unterbrochenen Schulbesuchen wenigstens in vier Jahren erlernen muß. In einer Stadtschule sind drey Klassen, und höchstens drey Lehrer.

Der Anfang wird mit Erkenntniß der kleinen gedruckten Buchstaben gemacht. Die Buchstaben werden zur Reitzung der Aufmerksamkeit mit grossen Zügen, nach Ordnung der einfachern Zusammensetzung, und der Aehnlichkeit untereinander, einzeln an die Tafel geschrieben. Der Namen wird ohne Buchstabenanathomie öfters vorgesprochen, von Schülern wiederholet, und auf der ersten Seite des Lehrbüchleins aufgesuchet. Der Unterschied zwischen ähnlichen Buchstaben wird gezeiget, und die schon bekannten wiederholet, bis alle gemustert sind. Nun nimmt man die grossen Buchstaben vor, die im Büchlein unter den gleichnämigen kleinen stehen:
deren

deren Erlernung, da ihre Namen schon bekannt sind, wird das Werk von ein paar Tagen seyn. Bey dieser Gelegenheit lernen die Kinder die alphabetische Ordnung der Buchstaben. Zur Erleichterung des Unterrichtes könnte dienen, wenn man allen Mitlautern den nämlichen Selbstlauter zum Ausgange gäbe z. B. be, ce, de, fe, ge, he, je, ke, le, me, ne, pe, que, re, se, ße, te, ve, we, xe, ze. Die übrigen Schrift= und Druckarten werden zu anderer Zeit vorgenommen; denn die Menge verwirrt.

Das Buchstabiren mag sich nur durch eine blinde Verehrung gegen das Alterthum erhalten haben: doch wir ehren kein Phantom! Das Sylbiren, oder Sylbenweiselesen wird die Stelle desselben vertreten. Der Lehrer liest eine Zeile auf diese Art, die Schüler sprechen nach, und wiederholen sie einzeln, und klassenweise; die ältern lesen dieselben, und werden über den Sinn befraget. Diese Uibung wird mit den abgetheilten Sylben fortgesetzet, und bey jedem nöthigen Falle die besondere Aussprache angegeben. Nun fängt man wie=

der von vorne an, liefet wörterweife, endlich das drittemal fatzweife, und bemerket die verfchiedenen Unterfcheidungszeichen, und das Lefen bey denfelben. Itzt übt man die Jugend im Lefen des ununterbrochenen Textes, macht die gefchriebenen deutfchen, und fpäter die lateinifchen Buchftaben bekannt, und liefet die mit diefen Schriftarten eigens abgedruckten Stücke. Zur gründlichern Kenntniß der verfchiedenen Handfchriften müßen auch fchwer leferliche Briefe vorgeleget werden.

Das Schreiben wird mit Nachzeichnen einzelner Buchftaben, für welche die gefchriebene Buchftabirtabelle zur ökonomifchen Vorfchrift dienen kann, angefangen: Die ältern fchreiben Wörter, und Sätze. Beym Verbeffern werden in Dorffchulen die nöthigften Schreibregeln der deutfchen Kurrent- und lateinifchen Schrift angegeben, doch nicht mehrere Grundftriche genannt, als gerade, und krumme, kurze, und lange, feine, und dicke. In Stadtfchulen wird die Schönfchreibung nach einer eigenen Anleitung, die auch die Kanzeleyfchrift umfaffasset, und sich nur in den Händen des Lehrers befinden soll, mehr kunstmässig gelehret; wiewohl auch hier der Troß von Regeln vermindert, und vereinfältiget wird. Anstatt des zu kostbaren, oder zu mühsamen linirten Papires werden gedruckte Unterlegblätter eingeführet.

Das Richtigschreiben gründet sich auf die Kenntniß der Sprachlehre, die in ihrem Umfange keine Wissenschaft eines zehnjährigen Kindes ist. Ein sehr kurzer Auszug wird für Stadtschüler hinreichen: den Dorfschülern wird das Dicktandoschreiben, welches auch in Städten nie zu oft kann vorgenommen werden, zur practischen Sprachlehre dienen; wobey der Lehrer die gröbsten Fehler zeiget, oder auch durch die ältern Schüler bessern läßt. Hier wird es früh genug seyn, einige Regeln der Sylbentheilung bekannt zu machen.

In der Rechenkunst werden die Schüler durch die Fertigkeit im Aussprechen, und Anschreiben der Zahlen eingeleitet. Da im bürgerlichen Wandel die Rechnungsfälle größtentheils in benannten

ten Zahlen vorkommen; und jeder, der dieser Rechnungsart kündig ist, auch in unbenannten zu verfahren weiß; so fangen wir gleich mit bekannten Zahlen an. Vor der Subtraktion werden die Kinder im Abziehen aus den Kopfe geübet; der Lehrer fraget z. B. wie viel sind 3 von 5, 8 von 11, 6 von 15 ꝛc. Von den Multipliziren wird eine ähnliche Uibung mit dem Einmaleins vorgenommen, die gleichfalls vor der Division anzuwenden ist. Auch in der Rechenkunst können bey einem Beyspiele Schüler von verschiedener Kenntniß beschäftiget werden; der schwächere kann aussprechen, und anschreiben, der geübtere ausarbeiten.

Die christliche Glaubenslehre für Kinder wünschten wir in den engen Kreis der Pflichten des Christen zurückgewiesen, und aus derselben alle theologischen Griebeleyen rein ausgefeget zu sehen. Der Ortsseelsorger erkläret denselben Sonnabends den Inhalt des nächstsonntäglichen Evangeliums, wobey er sich von allen zu gelehrten Anmerkungen enthält; Sonntags Nachmittag erläutert

er

er ein Stück der Glaubenslehre; und versichert sich durch wohlgewählte Fragen der Aufmerksamkeit der Jugend.

Alle übrigen Gegenstände werden durch Lesen bekannt gemacht, und durch Gespräch zur anschauenden Erkenntniß geführet. Die Landwirthschaft und Technologie wird durch Vorzeigung der unterschiedenen Erd- und Getreidarten, und einiger Kunstprodukte, die Erdbeschreibung mit Hilfe der Charten erkläret. Die Formen der bürgerlichen Aufsätze werden durch öftere Aufgaben, durch Vorschriften dieser Gestalt in Uibung gebracht. Aus der Kinderlogick erzählet der Lehrer mit eigenen Worten die gelesene Fabel, läßt sie wieder mit Anstande erzählen, und derselben verborgene Deutung entziffern. Die Sittensprüche, und Schlußgründe des Denkens werden dem Gedächtniße empfohlen.

Schulzucht.

Ohne Schulzucht ist keine Ordnung, ohne Ordnung keine Aufmerksamkeit. Die Schulgesetze bestimmen die Ordnung

nung in, und außer der Schule; Belohnungen, und Strafen heiligen ihr Ansehen. In beiden Arten giebt es fast unzählige Stuffen; ein Zulächeln, ein mässiges Lob, ein öffentlicher Vorzug, Merkmaale eines unumschränkten Zutrauens sind aufmunternde Belohnungen. Fühlbare Straffen müssen der Jugend seyn, ein verächtlicher Blick, beschämendes Bitten, Ermahnen, Drohen, öffentliche Erniedrigung, Verbannung aus den Spielplätzen — aus der Schule: doch nur auf wenige Tage; denn aus gemeinen Schulen wäre gänzliche Verbannung Widersinn; wer bedarf mehr der Wunderthätigkeit der Erziehung, als der Ungesittete, Verkehrte? Ein feyerliches Versprechen mit Anfange jedes Kurses von Seite der Schüler die Schulgesetze zu beobachten, von Seite des Lehrers dieselben zu rächen, werden seine Strenge entschuldigen. Nur soll er den Verirrten immer auf halbem Wege entgegen eilen, und nie die Besserung als Unmöglichkeit vorstellen; sonst entreißt er der Tugend die letzte Schwingfeder.

Er=

Erziehungsart in Kunstschulen.

Man will geschickte mechanische Handwerker, man will Künstler bilden; für jene würde eine Pflanzschule der Künste in jeder Hauptstadt gedeihen, für diese blüht in der Residenzstadt eine Akademie der bildenden Künste.

Die Pflanzschulen der Künste.

Diese bestehen aus einem Zeichnungs- und Tonlehrer. Werktags steht die Zeichnungsklasse zwo Stunden für jedermann offen. Rastlosigkeit im Verbessern ist besonders bey der Jugend die beste Methode dieses Gegenstandes. Die Feyertage sind für Handwerksjungen bestimmet, die vor der Aufnahme aus der Rechenkunst geprüfet werden. Drey Stunden üben sich dieselben im Zeichnen, hauptsächlich jener Stücke, die zur Vervollkommnung ihrer Gewerbe dienen können. In der vierten Stunde des ersten Jahres wird die Mechanick, des zweyten die Baukunst mit einem Anhange von der practischen Flächen- und Körpermessung vorgetragen.

Die

Die Tonschule hat Gesang, und Klavier, die das Wesen der Tonkunst umfangen, zum Vorwurfe. Eine öffentliche Schule der übrigen musikalischen Werkzeuge würde dem Staate nur ein gefährliches Heer von Schenkenfiedlern brüten. Gründliche Versuche erweisen, daß der Zusammenunterricht für die Musik ein besonders fruchtreiches Hilfsmittel sey.

In der Akademie der schönen Künste.

Die Akademie, die sich in Wien unter Kaunitzen, dem Schutzgeiste der Künste Oesterreichs zum Muster empor arbeitet, würde meine Wünsche vollkommen befriedigen, wenn derselben noch ein Lehrer der theoretischen Tonkunst einverleibet würde. Aber in dieses Heiligthum der Künste sollt' es keinem Sterblichen einzudringen erlaubet seyn, der nicht schon in den Pflegschulen bewies, daß er unter Göttern zu wandeln würdig sey.

Erziehungsart in gelehrten Schulen.

Manche Länder sind mit lateinischen Schulen durchsät, die ihr Vaterland seit undenklichen Zeiten mit lateinischen Vorreutern, Taglöhnern, Viehhirten reichlich versehen: doch wie viele nützliche Gelehrten schufen sie? Wie lange sollen noch Leute, die die Natur bloß zu Lastträgern organisirte, den kostbaren Honig verzehren, um Unrath zu erzeugen? Die Länder, deren Gelehrte nur in todten Sprachen arbeiten, sind immer in der Aufklärung die letzten, wenn es ihnen gleich nicht an Sigismunden, Korvinen, Augusten fehlte. Die Kenntniß der gereinigten neuern Sprachen ist nicht nur der Gelehrsamkeit höchst wichtig, sondern auch jedem mit vielen andern in Verbindung lebenden Volke weit nützlicher als die Sprachen der Alten. Wir wollen also in jeder Hauptstadt ein philologisches Kollegium, in Ungarn, und Böhmen zwey errichten. Vier Universitäten — vielleicht in Ungarn, Böhmen, Oesterreich, den Niederlanden — müßen dem ganzen österreichischen Staate genug thun.

Im philologischen Kollegium.

Lehrgegenstände.

Die deutsche, französische, italienische, englische aus den neuen, die lateinische, und griechische aus den alten Sprachen werden in den Plan unsers Kollegiums aufgenommen. Damit aber die Vernunft durch mehrere Jahre nicht brach liege; so werden daneben Mathematik an der Stelle der Logik, Geschichte mit ihren Hilfswissenschaften, Naturgeschichte mit einer Einleitung von den allgemeinen Gesetzen der Natur; und Aesthetick, die sich bis zum Geschäftsstyle herab läßt, getrieben.

Lehrmethode.

Jeder, den sein unerbittliches Verhängniß unter die unbändigen, seynwollenden Musensöhne versetzet hatte, weiß, daß selbst die Bemühungen des geschicktesten Lehrers durch Unaufmerksamkeit vereitelt, und er unter hunderten kaum von zehn gehöret wurde — daß bey einem mitteltelmäſſigen Hauslehrer eine Stund mehr als fünf in der öffentlichen Schule gefruchtet haben. Was ist die Ursache so widriger Folgen? Die übel gewählte Lehrart. Das Zuſammenleſen, die Geſprächmethode ſollen auch hier die Aufmerkſamkeit feſſeln, die Urtheilskraft ſchärfen.

Die deutſche Sprache wird nicht ordentlich gelehret; man ſetzet voraus, daß Schüler die nöthigſte Kenntniß derſelben in den gemeinen Schulen erlanget haben: der reine Vortrag, der nur in dieſer Sprache geſchieht, die häufigen Uiberſetzungen und Ausarbeitungen nach den Regeln der Aeſthetik werden dieſelbe gänzlich ausbilden. Das erſte Jahr wird die engliſche, die Halbſchweſter der deutſchen, täglich durch vier, das zweyte die franzöſiſche durch drey, das dritte die italieniſche, das vierte die lateiniſche, das fünfte, und ſechſte die griechiſche, und lateiniſche Sprache durch zwo Stunden vorgenommen. Durch alle Klaſſen von der zweyten angefangen wird täglich eine Stunde zu Uibungen in den ſchon erlernten Sprachen angewandt.

In der dritten Klasse wird täglich die vierte Stunde die Mathematik, in der vierten die allgemeine Welt = mit besonderer Ausdehnung der Vaterlandsgeschichte, in der fünften die Naturwissenschaft mit Rücksicht auf Landwirthschaft, Technologie, und Kommerz, in der sechsten die Aesthetik gelehret. Ein halbe Stunde täglich wird zur Nachhilfe der Schwachen ausgemessen. Alle Sprachen werden auf eine gleiche Weise behandelt: man fängt mit Abändern der wandelbaren Theile an, machet kleine Zusammensetzungen, bemerket den Unterschied in der Wortfügung zwischen dieser und den bekannten Sprachen, übersetzet unermüdet in die deutsche, übet sich in Diktandoschreiben, und endet mit freyen Uibersetzungen in die fremden Sprachen. Doch muß es Schülern nach den Bedürfnissen ihres Berufes erlaubet seyn, nur diesem, oder jenem Gegenstande sich zu widmen. Sechs geschickte Lehrer werden diesen Entwurf auszuführen vermögend seyn.

In

In Universitäten.

Grosse Städte sind Schulen der Faulen. Die Zerstreuungen, Berauschungen, Verführungen derselben sind mit dem stillen Forschungs- und Beschauungsgeist der Wissenschaften unverträglich. Auf offenen ländlichen Scenen, wo sich die Natur in ihren Werken vorzüglich zu gefallen scheint; wo Dichter öfters Grazien, Musen, und ernstere Gottheiten im feyerlichen Gespräche belauschen — da sollen sich die Tempel der tiefern Weisheit erheben. Unsern Universitäten, wenn man noch einen Lehrstuhl für Erziehungswissenschaft hinsetzet, fehlt wohl nicht die Menge der Lehrer: sind aber alle ihres Gegenstandes mächtig? Besitzen sie die Lebhaftigkeit des Vortrages selbst die Schläfrigsten der Zuhörer fortzureißen? — Die hilflosen Jünglinge von hervorstechenden Gaben müssen kräftig unterstützet, den Unfähigen soll der Rath, dem Verderbten der Drang sich zu entfernen gegeben werden.

Zweyter Theil.

Bildung der Lehrer.

Vorerrinnerung.

Wer soll in öffentlichen Schulen lehren? Sollen Wissenschaften, Lehrämter das Eigenthumsrecht der Mönche, oder Layen seyn? Oder soll der Gegendruck beider Stände den Ruhepunckt der Wahrheit zwischen Aber= und Unglauben im Gleichgewichte halten? Känn aber dieses ewigen Schwanken beider Wagschalen, dieses ewige Ringen nach dem Uibergewichte — der Wahrheit einen festen Sitz verstatten? Können unter Ränken, und Fehden allgemeine Besserung, und Aufklärung gedeihen? Hat man noch nicht ärgerliche Schulchronicken genug; da Glieder ganzer Akademien anstatt sich brüderlich zu verbinden, Kenntnisse zu ver=

verbreiten, die Gränzen des Wissens
zu erweitern, die Wahrheiten zu suchen,
sich bemühten, ihre ungeschornen Mitleh‌
rer zu erniedrigen, und zu stürzen, um
sich, und ihren Zunftbrüdern die Allein‌
herrschaft zu erschleichen, oder zu er‌
kämpfen? Nie werden Wege von entge‌
genstehender Richtung zum gemeinschaft‌
lichen Ziele leiten.

Doch da einmal Mönche vorhanden
sind, wär es nicht besser sie zu beschäf‌
tigen? Wie viel könnten Sitten, und
Religion gewinnen, wenn denselben die
Schulen eingeräumet würden. Welche
Summen würde der Saat dabey ersparen.
Man erlaube uns die gewöhnlichen Ein‌
würfe der Unmönche zu wiederholen, um
die Streitfrage zu beleuchten.

Mönche sollen arbeiten? Ja sie sol‌
len: warum eben im schlüpfrigsten Ge‌
schäfte, in der Erziehung? Lasset sie
nach dem Beispiele ihrer Stifter Körbe
flechten, graben, ackern, pflügen, um
die Lüste des schwachen Fleisches zu töd‌
ten. — Der Mönch klebt nur am äu‌
ßerlichen Religionsgepränge, und ver‌
ken‌

kennet ihr Heiligthum. Ein Zehntheil der Schulzeit wird mit Zügen bald nach Mecka, bald nach Medina, bald zu einem Bilde, bald zu einer Säule, die die Hand des Künstlers kanonisirte, unwiederbringlich verloren. Der Jugendlehrer muß von Muchameds Schwärmerey, mit Feuer, und Schwerde zu Bekehrende in ihrem Blute zu taufen, gänzlich entfernet seyn. Mönche werden Mönche zeugen, der Staat bedarf guter Bürger.

Soll man auf Unkösten der Erziehung wirthschaften? Ist Verderben Staatswirthschaft? Wird nicht das Volk dafür geplündert? Wer verstand von jeher besser als Mönche die Kunst durch Hilfe gewisser Talismannen die Erzeugnisse der Fleißigen in ihre Küche, und Kelter hinein zu zaubern? ――――― Den Layen-spornet vor dem Unlayen ein Beweggrund mehr zum Fleiße; er arbeitet auch für den Wohlstand, für den Ruhm seiner Familie, indem er noch in seinen Enkeln zu leben hoffet: lasset uns also für den Layenstand die Nahrungswege vervielfältigen!

Ich

Ich fühle das Gewicht einiger dieser Gründe: aber ich fühle auch ein zu günstiges Vorurtheil gegen einige fromme Väter unsrer Orden, deßwegen überlasse ich das Endurtheil, ob Layen, oder Mönche lehren sollen dem kältern Forscher.

Bildung der Lehrer für gemeine Schulen.

Gemeine Schulen fodern nicht schwülstige Polyhistorn: Der Kandidat könne lesen, rechnen, schön, und rechtschreiben, durchlese fleißig die Anleitung für Schulleute, mache sich das Mechanische der Methode, und den Inhalt der Lehrbücher in der nächsten Schule bekannt, erwerbe sich bey seinem Pfarrer, und einer andern obrigkeitlichen Person das Zeugniß, daß er weder ein Schlemmer, noch ein Lustjäger sey — denn künftig sollen Unreine kein Lehramt entweihen — und stelle sich vor dem Lehrer der Erziehungskunde: Dieser wird ihn prüfen, und wenn er es verdient für fähig erklären; der Studiendirektor wird ihn nach einer neuen Untersuchung bestättigen, oder zurückweisen.

Bildung der Lehrer für Kunst-Schulen.

Die Akademie der bildenden Künste, die schon viele vortreffliche Künstler schuf, wird für Pflanzschulen geschickte Lehrer erzeugen; aus diesen — wiewohl der verdienstvolle Ausländer nicht ausgeschlossen ist — werden die Akademisten gewählet.

Bildung der Lehrer für gelehrte Erziehung.

Auf der Universität soll der Lehrer der Metaphysik, auf dem philologischen Kollegium der Vorsteher desselben die Grundsätze der körperlichen, und geistigen Erziehung, die Pflichten, und Rechte der Erzieher erläutern. Diese Vorlesungen sind eigentlich den häuslichen Erziehern, und Erzieherinnen gewidmet. Jenen, die sich unter dem Haufen durch gelehrte Abhandlungen auszeichnen, wird die Aussicht in Kollegien

gien, und Stifter eröffnet, und sie reisen ein Jahr auf öffentliche Unkösten. Die Mitglieder der Universitäten werden aus den Lehrern der Kollegien, und den noch unbestimmten Doktorn ersetzet. Doch soll die Doktorwürde unentgeltlich verliehen werden — sie werde durch Gelehrsamkeit nicht durch Geld erkaufet.

Dritter Theil.

Oeffentliche Erziehungsaufsicht.

Die öffentliche Erziehungsaufsicht soll nie dem Eigendünkel eines einzigen überlassen werden. Gemächlichkeit, Uebereilung, Eigennutz, Schuldespotie, Muthlosigkeit der Lehrer sind gewöhnliche Folgen dieses Vorrechtes. Kleine Abweichungen von der vorgezeichneten Bahne können denkenden Lehrern übersehen werden; man erlaube ihnen, daß sie selbst beobachten, selbst besuchen; man vergebe ihnen, wenn sie nicht immer eine Dratpuppe seyn wollen. Zwar ist nur ein gerader Weg zum Ziele; allein ein anderer ist vielleicht mit Rosen bestreuet — wer hüpft nicht lieber über Rosen dahin? Genug wenn der glückliche Ausgang das Unternehmen krönet.

Von dem Erziehungshofrathe.

Die Erziehungshofstelle ist in Wien; der Erziehungsminister sitzt derselben vor, und bringt die wichtigsten Entschlüße vor den Monarchen. Diese Stelle hatte schon van Swieten, Kreßel an ihrer Spitze — hat noch einen Blümigen, und unerschütterliche, unbestechbare Amphyktionen. Unter dem Einflusse dieser Glieder wird ein Erziehungsjournal verfasset, welches Verbesserungsvorschläge, und nützliche Schulnachrichten enthält.

Von der Erziehungskommission.

In den Ländern, wo Universitäten sind, besteht die Kommission aus den berühmtesten Mitgliedern jeder Fakultät, in den übrigen aus den Lehrern des Philologäums unter dem Vorsitze des Studiendirektors. In dieser Versammlung wird alles abgewogen, was Schulverbesserung betrifft. Der Landesregierung, und dem Erziehungshofrathe werden Auszüge des Protokolls überschicket.

Von

Von dem Erziehungsdirektor.

Der Erziehungsdirektor, der ein Mann von tiefer, brauchbarer Gelehrsamkeit seyn soll, hat die Aufsicht über das ganze Schulwesen im Lande; er macht den Vortrag bey der Regirung in diesem Geschäffte, betreibt die Ausbreitung der gemeinen Schulen, macht Vorschläge zur Besetzung der erledigten Lehrämter, zur Belohnung der würdigen Lehrer, die größtentheils in Beförderung besteht, und untersuchet die Erziehungshäuser bey verwickelten Vorfällen.

Von dem Lehrer der Erziehungskunde.

Der Lehrer der Erziehungskunde in der Hauptstadt hat zugleich die unmittelbare Aufsicht über das philologische Kollegium, hat Stimme bey der Regirung im Erziehungsgeschäffte, und hält dem Eigendünkel des Studiendirektors das Gegengewicht. Nach jedem halben Jahre soll er Prüfungstage für die zu Hause erzogenen Jünglinge aussetzen.

Von

Von den Schulaufsehern.

Aufseher sind zween Jugendfreunde, die unentgeltlich öfters die Schulen besuchen, und mit jedem halben Jahr dem Erziehungsdirektor Rechenschaft von dem Fleiße der Lehrer geben. In Fräulein-Stiftern wäre es zu wünschen, daß tugendhafte Damen dieses ehrwürdige Amt übernähmen. Die Lehrer übergeben den Aufsehern halbjährig die Fleißtabelle, die derselbe mit seinen Anmerkungen dem Direktor einsendet. In Waisenhäusern müssen in dieser Tabelle die Zahl der Kranken, und die Art der Pflegung angezeiget seyn; damit nicht schändlicher Eigennutz die Lebenssäfte dieser Unglücklichen ungeahndet vergifte. — Hier soll die Vorsicht hundertäugicht über jenes Uibel wachen, welches Tissot so schreckbar schildert, welches den Physiognomen beym ersten Blicke aus diesen Häusern zurückschrecket, und das Menschengeschlecht vertilgete, wenn es allgemein werden sollte.

Anmerkung.

Des Verfaſſers Entfernung vom Druck-orte muß die etwa hie und da eingeſchlichene Fehler entſchuldigen.